Roedd Mrs Garibaldi yn gwerthu bwydydd o bedwar ban byd yn ei siop.

Menyw ddigon cyffredin yr olwg oedd Mrs Garibaldi, gyda chroen llyfn, gwallt tywyll a dwy lygad werdd, ddireidus.

Ond roedd y llygaid disglair yn cuddio cyfrinach.

I rai cwsmeriaid, roedd siop Mrs Garibaldi yn fwy na siop fwyd gyffredin. Iddyn nhw, roedd hon yn siop hudolus. Roedd hi'n llawn rhyfeddodau.

Doedd Carwyn Cig ddim yn gwybod ei bod yn siop arbennig, er bod siop y cigydd drws nesaf i siop Mrs Garibaldi.

Doedd Brenda Bara ddim yn gwybod ei bod yn siop arbennig chwaith, er bod ei siop fara hi drws nesaf i siop Mrs Garibaldi hefyd.

Doedd hyd yn oed Peredur Post ddim yn gwybod
ei bod yn siop arbennig, er bod y post gyferbyn â
siop Mrs Garibaldi.

Doedd perchnogion siop ddillad Siop Dop ddim yn
gwybod ei bod yn siop arbennig chwaith. Roedd y
siop honno ym mhen uchaf y dref.

Ond roedd rhai yn gwybod, ac un o'r rhain oedd
cwsmer gorau'r siop, Tad-cu.

Roedd Mrs Garibaldi a Tad-cu yn ffrindiau mawr.

Bob tro y byddai Tad-cu'n mynd i'r siop, byddai Mrs Garibaldi yn taflu ei breichiau i'r awyr gan weiddi "*Buon giorno!*" Yna, byddai'n ei gofleidio ac yn rhoi clamp o gusan ar ei ddwy foch.

Roedd Jo a Sara yn aros gyda Tad-cu dros wyliau'r Pasg, ac un bore, aethon nhw gyda Tad-cu i siop Mrs Garibaldi.

Ar ôl i Mrs Garibaldi weiddi "*Buon giorno!*" a chofleidio a chusanu Tad-cu, rhoddodd glamp o gusan wlyb ar ddwy foch Jo a Sara hefyd.

"Bore da, Mrs Garibaldi, sut ydych chi heddiw?" holodd Tad-cu.

"Bendigedig, *grazie*! Sut alla i'ch helpu chi?" atebodd Mrs Garibaldi gyda gwên ddireidus ar ei gwefusau.

"Chwilio am rywbeth i ginio ydyn ni," eglurodd Tad-cu.

Awgrymodd Mrs Garibaldi y dylen nhw edrych yn adran Eidalaidd y siop. Rhoddodd winc fach slei i gyfeiriad Tad-cu.

Roedd silffoedd yr ardal Eidalaidd yn llawn pacedi pasta. Pasta gwyn, pasta brown a phasta amryliw. Rhai hir, rhai byr, rhai crwn a rhai troellog.

"Wel, am ddewis!" meddai Tad-cu.

"Gawn ni'r pasta troellog, os gwelwch chi'n dda?" holodd Sara yn llawn cyffro.

"Wyt ti'n hapus i fynd am y pasta troellog, Jo?" gofynnodd Tad-cu.

"Ydw, diolch!" atebodd Jo yn llawen.

Aeth y tri at y cownter gan roi'r paced pasta
yn nwylo Mrs Garibaldi. Gwenodd hithau.

"Dewis doeth, *bambinos*, ond mae paced arbennig
o basta troellog yn y stordy. Hoffech chi fynd i
chwilio?" holodd Mrs Garibaldi yn chwareus.

Gwenodd y tri ac i mewn â nhw i'r stordy yn y
cefn yn llawn chwilfrydedd.

Roedd silffoedd y stordy yn wag! Dim ond enwau gwledydd ar labeli bach taclus oedd yno – doedd dim bwyd yn unman.

Crafodd Jo ei ben mewn penbleth gan edrych ar Tad-cu. Dywedodd Tad-cu wrtho am fynd draw at label 'Yr Eidal'.

Cerddodd Jo at y silff wag. Wrth iddo agosáu, sylwodd ar sgrin fach wrth ymyl y label. Edrychodd draw at Tad-cu a Sara.

"Mae angen sganio'r cod sydd gen i ar fy ffôn,"
meddai Tad-cu gan gerdded tuag at Jo.

Daeth o hyd i'r cod a'i ddangos i'r sgrin fach.

Yn sydyn, dechreuodd y stordy grynu, cyn dechrau
troelli'n wyllt.

"Daliwch yn dynn!" meddai Tad-cu gyda gwên fawr
ar ei wyneb.

Ymhen ychydig, arafodd y stordy a dod i stop sydyn.

"Agorwch y drws," meddai Tad-cu.

Agorodd Sara'r drws gan ddisgwyl gweld siop
Mrs Garibaldi, ond nid dyna welodd hi. O'i blaen,
roedd caeau gwyrdd, awyr las a môr clir yn y pellter.

Safodd y tri mewn tawelwch am ychydig eiliadau, cyn
i Jo ofyn, "Ble rydyn ni? Sut gyrhaeddon ni yma?"

"Mae siop Mrs Garibaldi yn siop arbennig," eglurodd
Tad-cu. "Mae'r stordy yng nghefn y siop yn beiriant
teithio. Wrth ddangos cod i'r sgrin fach, mae'r stordy
yn eich cludo i'r wlad rydych chi wedi ei dewis."

Gwrandawodd Jo a Sara yn gegrwth ar Tad-cu.

"Felly rydyn ni yn ..." dechreuodd Jo yn araf, ond torrodd Sara ar ei draws yn gyffro i gyd.

"Rydyn ni yn yr Eidal!"

"Ydyn, wir," meddai Tad-cu â gwên ar ei wyneb. "Mewn ardal o'r enw Puglia."

Tynnodd ei ffôn o'i boced a daeth o hyd i fap o'r Eidal.

"Mae'r Eidal yn edrych fel esgid ar y map. Dyma ardal Puglia – sawdl yr esgid," eglurodd gan dynnu ei fys yn ofalus dros yr ardal.

"Ydyn ni wedi dod yma i brynu pasta troellog?" holodd Jo.

Gwenodd Tad-cu heb ateb y cwestiwn.

"Dilynwch fi i chi gael cwrdd â rhywun arbennig," meddai.

Crwydrodd y tri ar hyd y strydoedd cul, igam-ogam tuag at y môr. Cerddon nhw heibio i resi o goed olewydd a thai gwyn, crwn. Roedd to yr un siâp â het parti ar bob un o'r tai.

Yn sydyn, dechreuodd Tad-cu chwifio ei freichiau yn wyllt. Roedd menyw hardd yn sefyll y tu allan i un o'r tai gwyn, crwn, ac roedd hithau'n chwifio ei breichiau yn ôl ar Tad-cu.

Wrth agosáu at y fenyw, gwelodd Jo a Sara fod ganddi groen llyfn, gwallt tywyll a dwy lygad werdd, ddireidus.

Mrs Garibaldi!

"Croeso, gyfeillion! Ydych chi'n barod i weld sut mae gwneud pasta *fusilli?*" holodd yn frwdfrydig.

Edrychodd Jo a Sara mewn penbleth ar Tad-cu.

"Beth yw *fusilli?*" sibrydodd Jo.

"Y gair Eidaleg am basta troellog," eglurodd Tad-cu.

Arweiniodd Mrs Garibaldi y tri i mewn i gegin fach yn y tŷ.

Syllodd Jo a Sara ar Mrs Garibaldi yn paratoi'r pasta *fusilli*. Cymysgu toes, tylino, tynnu, rholio, creu siapiau troellog a'u gosod ar blât.

Yna, arweiniodd Mrs Garibaldi y ddau at stof fechan. Roedd sosban yn ffrwtian ar y gwres ac arogl bendigedig yn dod ohoni.

"Beth sydd yn y sosban?" holodd Sara yn eiddgar.

"Tomatos, winwns, garlleg a pherlysiau, a digon o olew yr olewydd," eglurodd Mrs Garibaldi. Gafaelodd mewn tri dyrnaid o basta troellog a'u taflu i mewn i sosban arall gyda dŵr poeth.

"Ewch i eistedd wrth y bwrdd y tu allan. Bydd cinio'n barod mewn pum munud," meddai'n llawen.

Aeth Jo, Sara a Tad-cu allan i eistedd wrth y bwrdd.
Roedd yr olygfa'n fendigedig!

Cyrhaeddodd Mrs Garibaldi gyda thair powlen yn orlawn
o basta troellog. Roedd ei saws tomato arbennig hi wedi ei
arllwys dros y pasta. Cynigiodd roi caws Parmesan dros y
cyfan, cyn diflannu'n ôl i'r tŷ.

Bwytaodd y tri yn awchus, ac mewn dim o dro, roedd
y powlenni'n wag.

"*Bellissimo!*" meddai Jo a Sara'n ddramatig.

Chwarddodd Tad-cu, cyn edrych ar ei ffôn i weld faint o'r gloch
oedd hi.

"Mae'n well i ni fynd," meddai wrth Jo a Sara. "Fe awn ni i
ddweud '*grazie*' wrth Mrs Garibaldi, ac i nôl pecyn *fusilli* i fynd
adre gyda ni!"

Aeth y tri i chwilio am Mrs Garibaldi, ond doedd dim sôn amdani. Yr unig beth i'w weld yn y gegin oedd pasta troellog mewn paced. Roedd label arno'n dweud:

'*Buon appetito,* deulu annwyl!'

Gafaelodd Jo yn y pasta a dechreuodd y tri gerdded yn ôl at y stordy â'u boliau'n llawn.

Agorodd Sara ddrws y stordy yn ofalus. Trodd at Tad-cu a gofyn, "Sut ydyn ni'n mynd o fan hyn nawr?"

Rhuthrodd Jo i mewn gan ddarllen enwau'r gwledydd ar y silffoedd yn uchel.

"India … Ffrainc … China …"

"Na, mae'n rhaid i ni fynd yn ôl i siop Mrs Garibaldi nawr, Jo!" meddai Tad-cu gan chwerthin.

Daeth o hyd i'r cod i fynd adref ar ei ffôn a'i ddangos i'r sgrin fach.

"Daliwch yn dynn!" meddai Tad-cu, wrth i'r stordy ddechrau crynu a throelli unwaith eto.

Mewn ychydig funudau, gyda chlonc anferth, glaniodd y stordy yn ddiogel y tu ôl i siop Mrs Garibaldi.

Agorodd Sara'r drws a cherddodd y tri at gownter y siop, er mwyn talu am y pasta. Yno'n aros amdanyn nhw roedd Mrs Garibaldi!

"Gawsoch chi bopeth?" gofynnodd gan wenu o glust i glust.

"Do, diolch," atebodd Sara. "Mwy nag oedden ni'n ei ddisgwyl!"

"Byddwn ni'n ôl yn fuan, gobeithio," meddai Jo.

"Falle y cawn ni reis i ginio fory!" gwaeddodd Tad-cu, wrth i'r tri adael siop arbennig Mrs Garibaldi.